I 27/n
28613

# M<sup>GR</sup> BESSON

## ÉVÊQUE DE NIMES

## NOTICE

## SA VIE — SES ŒUVRES

NIMES

DE L'IMPRIMERIE P. LAFARE,

*place de la Couronne, 1.*

1875.

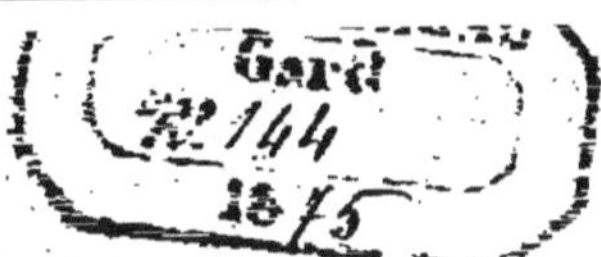
Gard
N° 144
1875

# M<sup>GR</sup> BESSON

## ÉVÊQUE DE NIMES

NOTICE

# SA VIE — SES ŒUVRES

NIMES

DE L'IMPRIMERIE P. LAFARE,

*place de la Couronne, 1.*

1875.

Extrait de la *Gazette de Nîmes* des 10 et 11 août 1875.

# MONSEIGNEUR BESSON

ÉVÊQUE DE NIMES

## I.

« La Franche-Comté a donné, dans moins
de vingt ans, douze évêques aux siéges les
plus renommés de l'Eglise de France et aux
missions les plus périlleuses du Tong-King,
de la Cochinchine et des Grandes-Indes. »

Ces lignes ont été écrites, il y a près de
vingt ans, par M. l'abbé Besson, en tête de
sa *Vie de Mgr Jean-François-Marie Cart.*
Parmi ces douze évêques, le siége de Nimes
avait eu le bonheur à cette époque d'en
posséder deux successivement dont le souvenir est encore vivant dans toutes les mé-
moires ; quand M. l'abbé Besson écrivait la
biographie de Mgr Cart, il ne se doutait pas
qu'il était destiné lui-même à resserrer un
jour plus étroitement « les liens deux fois
noués entre Nimes et Besançon par deux
épiscopats féconds et glorieux. »

Tout cependant allait le préparer à cette douce mission : une longue étude et une sérieuse imitation des vertus de l'évêque dont il retraçait la vie ; les travaux profonds de l'apologétique chrétienne unis à l'éclat et à la renommée d'une vraie et belle éloquence. Ainsi se formaient peu à peu en lui les deux grandes physionomies de nos deux derniers évêques : ainsi nous devions voir revivre dans M. l'abbé Besson les qualités intérieures de Mgr Cart et le talent incontesté de Mgr Plantier.

Aujourd'hui l'œuvre de préparation est accomplie et la Providence nous envoie l'homme qu'elle avait choisi depuis longtemps et qu'elle nous tenait en réserve. Par décret du 3 août, M. l'abbé Besson, chanoine de l'église métropolitaine de Besançon, a été nommé évêque de Nîmes.

Quoique la *Gazette de Nîmes* ait déjà publié quelques lignes où nos lecteurs n'auront pas manqué de reconnaître la main d'un ami de notre nouvel évêque, l'heure est venue de tracer, ne serait-ce qu'à grands traits, la vie de ce saint prêtre et de cet éloquent orateur qui va devenir notre maître et notre père, de mettre en relief les actes principaux de cette vie déjà si bien remplie. La tâche est délicate, difficile, maïs nous l'abordons en toute simplicité, comme un devoir que nous avons à remplir, et Dieu nous aidera.

Monseigneur Besson naquit à Baume-les-Dames (Doubs), le 5 octobre 1821. Sa famille, d'une honnête aisance, jouissait dans le pays d'une très grande considération ; les traditions chrétiennes s'y étaient perpétuées de tout temps avec le même éclat et la même vivacité.

Le jeune enfant reçut ainsi de bonne heure une excellente éducation qui devait avoir sur toute sa vie la plus grande et en même temps la plus douce influence. Rien ne le prouve mieux que cet attachement inébranlable à son pays que rien ne put affaiblir en lui et qui se manifesta, dès son début dans la carrière des lettres, à l'âge de vingt ans, par ses *Recherches sur l'abbaye de Baume-les-Dames*. Comme il arrive à toutes les intelligences d'élite, ce coup d'essai fut très remarqué et trois ans plus tard, en 1844, sa petite notice était couronnée par l'Académie des sciences de Besançon qui lui décernait une médaille d'or.

Sa grande préoccupation pourtant à cette époque solennelle de sa vie était d'écouter et de suivre les inspirations de son âme généreuse qui l'appelaient à se consacrer à Dieu dans la carrière sacerdotale. Ce fut au séminaire de Besançon qu'il commença et acheva son cours de théologie faisant pressentir déjà que l'Eglise compterait un jour en lui un nouvel et éloquent apologiste. Une lettre d'un de ses anciens condisciples et amis nous raconte en quelques mots quelle était alors la vie régulière et édifiante du jeune lévite, la joie de ses maîtres et le modèle de ses condisciples.

M. l'abbé Besson fut ordonné prêtre le 7 octobre 1845. Quelques jours après il était nommé aumônier et professeur de philosophie au collége de Gray, poste d'honneur que lui valurent ses rares qualités à un âge où d'ordinaire les jeunes gens commencent à peine à aborder l'étude sérieuse de la philosophie.

Le jeune professeur ne fut pas au dessous de sa tâche; il l'accomplit à la grande satisfaction de ses supérieurs et les élèves qu'il forma par ses précieuses leçons obtinrent, pour la plupart, des succès remarquables.

Cependant, il trouvait encore des loisirs pour écrire certaines notices historiques qui furent aussi remarquées que sa première sur Baume-les-Dames; il publia alors un *Mémoire sur l'abbaye et la ville de Lure*, et un autre sur *l'abbaye de Cherlieu* : c'étaient comme de nouveaux témoignages de son attachement à sa chère province.

M. l'abbé Besson compta dès lors parmi les bons écrivains de sa contrée et prit place au rang des annalistes recommandables de la Franche-Comté. L'Académie des sciences de Besançon ne crut pas pouvoir mieux reconnaître et récompenser son talent qu'en l'admettant au nombre de ses membres titulaires : c'était en l'année 1847.

Les cinq années que M. l'abbé Besson passa au collége de Gray avaient suffi pour permettre à l'archevêque de Besançon de discerner le sujet d'élite qu'il avait sous la main. Le cardinal Mathieu lui confia la direction du premier collége libre catholique qui se fondait dans sa ville épiscopale en vertu de la loi Falloux.

Le collége s'ouvrit le 1er novembre 1850 sous le patronage et le vocable de Saint-François-Xavier. Les débuts en furent très remarquables ; bientôt cette maison d'éducation était citée partout comme un collége modèle. Pendant les vingt-deux ans que M. l'abbé Besson eut à le diriger, le niveau des études alla chaque année en s'élevant et le collége Saint-François-Xavier fut considéré comme un établissement réellement supérieur. Parmi les nombreux élèves qui en

sont sortis, la plupart occupent les postes
les plus honorables dans les diverses admi-
nistrations et quelques uns même se font
remarquer dans les fonctions les plus élevées
de l'Etat.

La direction de ce collége n'absorbait pas
toutefois la remarquable activité de son
esprit. Soit pour occuper ses rares loisirs,
soit pour encourager ses professeurs au travail, il entreprit avec eux et mena à bonne
fin un travail considérable, encore celui-ci
à la gloire de sa chère et bien-aimée province : *La vie des saints de Franche-
Comté* en quatre forts volumes in-4°.

Le titre porte que ce travail est l'œuvre
des *professeurs* du collége, mais en le lisant
il n'est pas difficile de soupçonner qui en
a eu la haute direction et qui surtout en a
été l'âme. Son succès fut tel qu'il fut cou-
ronné bientôt après par l'Académie des
inscriptions et belles-lettres.

Quelques temps après venait à mourir
ce second évêque de la Franche-Comté « qui
avait perpétué dans l'église de Nimes l'esprit
de douceur, de conciliation et de paix que
Mgr de Chaffoy, son prédécesseur et son
compatriote, avait fait prévaloir jusque
sous le feu de l'émeute.» Qui pouvait mieux
retracer cette belle vie épiscopale que le

supérieur du collége Saint-François-Xavier, admis de bonne heure dans l'intimité de ce Pontife et dont le talent était à la hauteur d'une si noble tâche?

Il y avait une partie de la vie de Mgr Cart qui nous était connue; c'étaient les œuvres de son épiscopat que devait mettre en relief, d'une manière toute particulière, la plume filiale et autorisée de M. l'abbé Azaïs. La tâche de M. l'abbé Besson consista surtout à nous révéler les œuvres moins éclatantes, les actions humbles et ignorées de celui qui, avant d'être un saint évêque, avait été un excellent prêtre.

L'auteur nous le dit lui-même au début de son livre : « Personne, écrit-il, moins que Mgr Cart, n'a agi, parlé, écrit en vue de la postérité. Point de traits éclatants, point d'ouvrages mémorables; rien qui paraisse, au premier abord, digne d'un long souvenir. C'est la sainte uniformité de la carrière du pasteur couronnée par la patience du martyr. Mais ses amis, ses parents, ses mandements, ses correspondances, tour-à-tour interrogés, ont mis comme à découvert les trésors de sa sagesse et les beautés de son âme. Nous avons fini par connaître ou par deviner ce que sa modestie cachait avec tant de précaution. En étudiant son histoire, nous avons pénétré son esprit ; au lieu de composer l'une, peut-être aurons-nous réussi à peindre l'autre. »

L'esprit de Mgr Cart, voilà bien ce qui se révèle, surtout, à la lecture de cette vie écrite avec tant de chaleur et d'onction. L'auteur s'est si bien pénétré de son sujet, il s'est si bien identifié avec son héros que tout son style se ressent de cette douceur inaltérable qui faisait le fond du caractère de Mgr Cart.

Ce livre obtint un beau succès, à la fois dans la Franche-Comté et dans le Gard ; nous nous rappelons encore avec quel intérêt et quel charme on lisait ces pages où « l'amitié trouvait de doux souvenirs et la piété d'utiles enseignements ! » Qu'on nous permette de reproduire, en finissant, ces quelques lignes où M. l'abbé Besson trace de main de maître le portrait des deux évêques de Nimes que nous devons à la Franche-Comté et dont il devait être le successeur :

« Le beau diocèse, dit-il, où les Fléchier et les Bausset ont laissé tant de souvenirs, a donné, à côté de ces grands noms, dans ses annales et dans ses regrets, une place glorieuse à deux noms franc-comtois : l'une au vieillard aimable, en qui la majesté du sacerdoce était encore relevée par ce grand air, cette haute contenance, cette noblesse de ton, de manières et de sentiments qui caractérisait l'ancien clergé; l'autre au jeune évêque, l'amour et le modèle du clergé nouveau qui, usant ses forces avant l'heure de la nature, est remonté vers Dieu comme le parfum de l'encens qu'une flamme trop active se presse de consumer sur l'autel. Le premier avait paru avec ce je ne sais quoi de complet que l'âge, l'expérience, les cheveux blancs donnent à la sainteté ; le second a montré ce je ne sais quoi d'achevé que la souffrance ajoute aux plus grands courages. »

C'est dans ce grand style qu'écrivait déjà en 1856 M. l'abbé Besson. Faut-il s'en étonner quand on sait que le supérieur de Saint-François-Xavier se nourrissait de l'étude des grands maîtres de la langue, en particulier des œuvres de Bossuet ? Sa mission spéciale n'était pas, dans ce collége, de donner aux élèves des leçons de rhétorique et d'humanités : il était directeur et non professeur. Toutefois son activité dévorante atteignait à tout. A l'heure des conférences, à l'époque des examens ou même parfois au moment des classes, il savait profiter des moindres occasions pour faire goûter à ses nombreux élèves les beautés supérieures des grands modèles du XVIIe siècle, et nous savons qu'en ce moment-là son âme vivement impressionnable lui inspirait des mouvements de la plus belle éloquence.

Ce n'était pas seulement la culture de l'esprit qui le préoccupait, c'était encore et surtout le soin des cœurs. Il ne négligeait rien pour inspirer à ces jeunes âmes les sentiments nobles et généreux ; il ne voulait pas en faire seulement des hommes, mais des chrétiens, la seule mission qui puisse plaire à une âme sacerdotale aussi délicate et aussi ardente que la sienne. Le collége Saint-François-Xavier avait surtout la réputation d'être un collége catholique.

C'est dans cet ordre de préoccupations qu'il fit entrer le projet de doter son établissement d'une chapelle plus vaste et plus convenable que celle des premiers jours. Il mit dans sa confidence Mgr Mathieu, et grâce à l'appui que lui prêta Son Eminence, grâce surtout à son zèle persévérant qui ne se laissa rebuter ni même effrayer par aucune difficulté, le Supérieur du collége Saint-François-Xavier eut, au bout de quelques années, la consolation de pouvoir offrir à ses nombreux élèves une magnifique chapelle qui compte parmi les plus beaux monuments de la cité.

Plus tard, on pourra révéler tous les

sacrifices personnels que, pour arriver à
ses fins, dut s'imposer M. l'abbé Besson ;
aujourd'hui nous craindrions d'offusquer sa
modestie, et nous devons nous borner à ne
faire connaître à nos lecteurs que ce qui
est déjà connu de tous.

Pendant ce temps, de 1860 à 1862,
M. l'abbé Besson composa encore la *Vie*
d'un vénérable prêtre du diocèse de Besançon qu'il appelle « un des types les plus ac-
complis du sacerdoce catholique. » Sa plume
ne savait pas ce que c'est que le repos, et la
Providence lui fournissait toujours de nouveaux sujets à traiter, des biographies nouvelles à écrire.

Dans cet ouvrage, consacré à la mémoire
de M. l'abbé Busson, ancien secrétaire-
général des affaires ecclésiastiques, l'habile
et sincère historien s'est attaché à rappeler
« bien haut cette fidélité politique si noble
et si rare, cette humilité tant de fois éprou-
vée et tant de fois victorieuse, ce parfait
respect de lui-même, qui le faisait si aisément respecter des autres, cette alliance si
complète de la dignité du prêtre et de
l'aménité de l'homme, ce mélange si bien
tempéré de miséricorde et de justice qui,
dans la direction des consciences, le tenait
également éloigné de la complaisance et de

la rigueur, cette autorité enfin qu'on honorait
dans sa personne, qu'on reconnaissait dans
ses paroles, et qui, après en avoir fait un
des oracles du clergé de Paris, l'a rendu si
vénérable et si grand dans le clergé de
Besançon. »

L'œuvre de prédilection de l'ancien secrétaire général était la congrégation des filles
de service. M. l'abbé Besson y a consacré
un grand nombre de pages, trouvant là une
occasion naturelle de rappeler la congrégation des servantes fondée à Nimes par
M. l'abbé d'Everlange et affiliée à celle de
Besançon, heureux de cette nouvelle cir-
constance qui le ramenait à parler de ce
diocèse de Nimes où l'attirait invincible-
ment son cœur et auquel il devait être un
jour uni par les liens de la plus douce
paternité.


## II.


Nous voici arrivés à la phase principale
de la vie de M. l'abbé Besson ; à l'historien
va succéder l'orateur.

C'était l'année où parut ce long blasphème
que son auteur avait intitulé : *La vie de
Jésus*. On se rappelle le retentissement que

l'impiété donna à cette œuvre de l'apostat et la légitime indignation qu'elle provoqua dans tous les cœurs catholiques.

Surgirent, alors, des protestations nombreuses où l'éclat et l'énergie du style le disputaient à la solidité et à la force de la logique, des chefs-d'œuvre d'apologétique chrétienne qui rappelaient les ouvrages de saint Justin et de Tertullien. Aucun de nous ne peut avoir oublié ces trois lettres pastorales de Mgr Plantier, où l'éminent polémiste faisait prompte et bonne justice de toutes les inventions et de toutes les folies de M. Renan, cette lettre surtout où réédifiant ce que l'apostat avait cherché à détruire, notre vénéré prélat reconstituait d'une manière si habile la *Vraie vie de Jésus*.

Parmi ces nombreux apologistes de l'Eglise au XIX<sup>e</sup> siècle, M. l'abbé Besson occupera une place signalée : son œuvre a eu même ceci de particulier, qu'au lieu de n'être qu'une réfutation pour ainsi dire toute passagère, d'un à-propos momentané, elle s'est poursuivie avec une sage lenteur pendant douze longues années, d'abord du haut de la chaire chrétienne, devant un auditoire d'élite, en suite en face de la France et de l'Europe par les livres qui la reproduisirent au-dehors.

« La substitution, dans certaines chaires, des conférences aux sermons proprement dits, est une nécessité regrettable, disait le P. de Ravignan, bon juge en ces matières et nullement enivré du succès qu'il y recueillait ; mais cette nécessité, ajoutait-il, se justifie près de ces auditoires exceptionnels où l'orateur chrétien ne trouverait pas son meilleur point d'appui dans la foi et son autorité surnaturelle.»

Sans qu'il fût besoin d'aller jusque-là, cette exception fut cependant jugée opportune dans la principale chaire de la vieille métropole de la Franche-Comté. Cette mission délicate et ardue fut confiée par le cardinal Mathieu à M. l'abbé Besson, et, depuis 1863 chaque carême, cet esprit distingué, orateur et écrivain non moins remarquable, a rempli ce poste difficile avec un succès constamment soutenu.

Le plan de l'illustre conférencier est aussi simple qu'il est vaste. M. Renan attaquait la divinité de Jésus-Christ : M. l'abbé Besson lui répondit par une admirable exposition de la doctrine catholique sur *l'Homme-Dieu.* Loin de lui la pensée de faire à l'apostat l'honneur de le suivre pas à pas et de le saisir corps à corps ; quelques revers de main, distribués çà et là, dit le

P. Toulemont, lui ont suffi pour en faire justice.

Etudier l'Homme-Dieu d'abord en lui-même et dans sa vie ; le considérer ensuite dans son œuvre de prédilection qui est l'*Eglise*, dans sa loi qui est le *Décalogue*, dans sa grâce qui nous est communiquée par le moyen des *Sacrements*, dans sa gloire qui nous révèle tous les *mystères de sa vie future*, dans son amour que nous font connaître les révélations de son *Sacré-Cœur* : tel est le plan qu'a poursuivi jusqu'au bout M. l'abbé Besson, pendant les douze années consécutives qui viennent de s'écouler. Des difficultés nombreuses se rencontraient à chaque pas, parmi lesquelles il faut compter les dangers de ce genre de prédication où l'on plaît parfois d'autant plus qu'on garde moins la mesure, où l'on introduit je ne sais quelle excentricité d'affirmations ou du moins des nuances nouvelles propres tout au plus à fasciner par des apparences d'audace ou à flatter les imaginations par quelque chose d'indécis et de vague.

« Nous félicitons l'illustre orateur, dit le P. Rabussier, d'avoir subi les nécessités de ce genre difficile, tout en restant prédicateur chrétien, nous allions presque dire, et ce n'est pas un faible mérite à nos yeux, excellent catéchiste. Oui, c'est le catéchisme qui se retrouve, et pourquoi pas ? puisqu'il y est à sa place, dans cette exposition franche, nette et entière *de la doctrine*, mais le catéchisme tel qu'il devait être présenté à un auditoire où beaucoup s'en souviennent bien peu et savent trop d'autres choses, c'est-à-dire relevé et comme ennobli, sans être jamais atténué ni effacé, par une discussion sincère et souvent pleine d'à-propos, une synthèse philosophique qui a dû paraître neuve aux esprits étrangers à l'étude de nos grands docteurs scolastiques, une forme enfin où l'on ne saurait regretter la vivacité ni l'éclat du discours. »

Le P. Rabussier parlait en particulier des conférences de M. l'abbé Besson sur le Décalogue ; nous n'avons eu qu'à changer un seul mot et ce jugement si droit, si impartial, si juste peut très-bien s'appliquer à l'œuvre entière de l'illustre conférencier.

Ses premières conférences sur l'Homme-Dieu forment un seul volume. Après deux conférences préliminaires sur la notion de Dieu et la notion de l'homme, l'orateur expose d'abord la notion de l'Homme-Dieu, ou l'idée même de l'Incarnation dont il fait ressortir les harmonies et les convenances ;

puis il étudie les circonstances de la naissance de Jésus-Christ, les faux portraits que l'hérésie et l'incrédulité ont faits de sa personne et son portrait véritable tel qu'il résulte de l'enseignement chrétien ; après, il examine les monuments qui renferment son histoire, et démontre l'autorité incontestable des livres du Nouveau-Testament ; cette démonstration faite , il interroge successivement la sainteté du caractère de Jésus-Christ, sa doctrine, ses miracles, ses prophéties, le témoignage qu'il s'est rendu en affirmant sa divinité, enfin, son testament, sa mort et sa résurrection.

« On sent là, dit le P. Toulemont, un vigoureux esprit, fort au courant de l'érudition et de la science moderne et usant avec habileté des richesses qu'il lui emprunte. On sent surtout une intelligence qui ne s'est pas bornée à s'emparer des idées d'autrui mais qui a profondément médité son sujet, qui l'a agrandi , rajeuni, par une élaboration toute personnelle et l'a déroulé avec une grande largeur et plénitude de docrine. Le style est digne du sujet : simple et grave, sans emphase , sans affectation de néologisme, plein de nerf et de chaleur et parfois d'un éclat extraordinaire. »

Tel fut M. l'abbé Besson dans ses premières conférences, tel il se révèle dans tout le cours de sa prédication. Ses conférences sur l'*Eglise* furent accueillies avec une singulière estime ; quelques mois leur suffirent pour obtenir les honneurs d'une seconde édition.

« Succès bien légitime, dit un habile critique, et auquel nous sommes heureux d'applaudir. Il est si rare, par le temps qui court, de rencontrer à un tel degré la solidité, l'opulence même de la doctrine théologique, la variété des connaissances de tout genre, jointes aux plus remarquables qualités de la forme ; ordre lumineux, élégance, noblesse et dignité toujours ; souvent splendeur et magnificence, parfois chaleur entraînante et enthousiasme coulant à pleins bords. »

Le plan est à peu près le même que dans l'Homme-Dieu. Trois conférences préliminaires sont consacrées à donner et à développer la notion de l'Eglise ; puis l'Eglise nous apparaît dans sa naissance, telle qu'elle a été fondée et établie, ayant pour chef unique le Pape qui est Pierre ou quelqu'un de ses successeurs ; viennent ensuite le portrait des fausses églises et le portrait de l'Eglise véritable, celui-ci considéré au double point de vue spirituel et matériel.

Jusqu'ici ce n'ont été que les preuves extérieures de la divinité de l'Eglise ; la première preuve intérieure et directe, c'est sa sainteté qui a pour principe l'ambition de ressembler à l'Homme-Dieu, pour moyen l'union avec l'Homme-Dieu, pour instruments les prêtres de l'Homme-Dieu, pour effets les vertus de l'Homme-Dieu ; la seconde, c'est la parole infaillible de l'Eglise que l'histoire démontre d'un bout à l'autre inséparable de l'infaillibilité du Souverain-Pontife.

Nous devons citer ce passage remarquable où, dès 1864, M. l'abbé Besson appelait de tous ses vœux la déclaration solennelle, dont, six ans plus tard, le concile du Vatican devait, pour ainsi dire, étonner le monde.

« Que le pape, dit-il, parle du haut de sa chaire aux évêques dispersés dans le monde, non pas comme docteur privé mais en qualité de Souverain-Pontife, en s'adressant à toute la catholicité, en définissant un point de foi et en obligeant les consciences, c'est toujours pour nous la voix de l'Eglise. »

. . . . . . . . . . . . . . . . . . . . . . . .

« Tandis qu'une politique jalouse persuade aux rois qu'il est dangereux d'attribuer au Souverain-Pontife une infaillibilité personnelle et qu'on dispute dans les écoles sur cette question de droit, la critique plus savante a éclairci peu à peu la question de fait et elle démontre aujourd'hui , pièces en main, que l'infaillibilité du Souverain-Pontife est inséparable, d'un bout de l'histoire à l'autre , de l'infaillibilité même de l'Eglise. Cette doctrine, depuis longtemps chère à l'obéissance, est maintenant acquise à la tradition. Un jour viendra peut-être où la voix unanime des fidèles obligera l'Eglise elle-même à en faire un dogme et où l'infaillibilité du Pape ne trouvant plus dans la société chrétienne une seule contradiction, l'union du pasteur avec le troupeau sera, selon le souhait de l'Evangile , plus intime, plus sensible et plus merveilleuse que jamais. »

Ce jour si désiré est venu ; l'Eglise a parlé et la doctrine, que M. l'abbé Besson disait chère à l'obéissance et souhaitait de voir se transformer en dogme, est aujourd'hui du domaine sacré de la foi, la gloire de la Papauté, la consolation et la joie de tous les fidèles.

La troisième preuve directe de la divinité de l'Eglise, c'est sa souveraineté, que l'orateur considère dans sa nature, dans sa destinée et dans son exercice ; la quatrième preuve, ce sont les œuvres de l'Eglise, œuvres de justice et de charité dans l'ordre naturel, miracles et conversions dans l'ordre surnaturel, et divin ; la cinquième preuve est la passion de l'Eglise, de cette société que M. l'abbé Besson nous montre abandonnée, condamnée et immolée ; enfin la dernière preuve de la divinité de l'Eglise, ce sont ses triomphes : de même que l'Eglise souffre et meurt avec l'Homme-Dieu, de même elle ressuscite et triomphe avec lui malgré les efforts réunis de la force brutale et de l'intelligence pervertie.

Cette apologie de l'Eglise est une œuvre complète et achevée. Faut-il s'étonner que Pie IX en ait fait féliciter l'illustre auteur et l'ait encouragé à poursuivre le cours de ses conférences, si fécondes en heureux résultats ?

Après l'Eglise qui est l'œuvre de Jésus-Christ vient naturellement le *Décalogue* qui en est la loi. Les conférences que M. l'abbé Besson y a consacrées sont au nombre de trente-deux et forment deux volumes. On comprendra que nous ne puissions pas en donner même le titre, nous dépasserions les limites déjà bien reculées de notre modeste travail — mais nous voulons du moins signaler en particulier la conférence sur le blasphème où l'orateur stigmatise avec force les mensonges des philosophes du siècle dernier, et caractérise avec une rapidité non moins nette les principales écoles contemporaines de blasphème ; la conférence sur le dimanche ; celle sur l'éducation et la correction, vrai langage de l'expérience et d'un amour solide pour la jeunesse, enfin la conférence sur la propriété, l'une des plus belles de ces deux volumes.

C'est au sujet de ces conférences sur le *Décalogue* que Mgr Mercurelli écrivait, au nom du Pape, ces lignes si flatteuses : « Votre exposition, dit le secrétaire de Pie IX, aide à reconnaître les sophismes dirigés contre cette loi sainte, elle fait voir leur malice et leur néant, elle fournit des armes aux lecteurs pour défendre leur foi et réfuter aisément les docteurs du mensonge. Sa Sainteté, regardant cet ouvrage comme tout-à-fait digne du zèle sacerdotal, vous en félicite de grand cœur et vous exhorte à ne pas vous laisser effrayer par le travail ni détourner de votre entreprise. Poursuivez-le, pressez-le, menez-le à une heureuse fin pour l'utilité du peuple chrétien. »

Ces félicitations paternelles étaient trop encourageantes pour que M. l'abbé Besson ne se sentit pas pressé d'achever son œuvre.

Bientôt parurent les deux volumes consacrés à la grâce de l'Homme-Dieu, c'est-à-dire aux *Sacrements* et qui contiennent trente conférences.

« Ces deux volumes, dit M. Le Verdier, constituent une œuvre que nous ne craignons pas d'appeler éminente et qui jusqu'à présent défie toute rivalité... Le Calvaire est la source de la grâce; les sacrements en sont les canaux. On arrivera à étudier, dans la belle langue de M. l'abbé Besson, leur nature, leur objet, leurs éléments, leur nombre, leur institution, leurs fruits! On verra avec quelle surprenante exactitude ils s'adaptent aux exigences de l'infirmité humaine, et à l'économie divine de notre sanctification... On les verra enfin jaillir des mains, des lèvres et du cœur de Jésus et revêtir ainsi un dernier et nouveau caractère qui, à lui seul, commande le respect, condamne le doute, et impose la reconnaissance...

» Nous n'avons plus à parler du mérite de M. l'abbé Besson comme orateur et écrivain. Nous tenons à dire néanmoins qu'il ne s'est peut-être jamais montré aussi ferme, aussi vaillant, aussi complet que dans ses conférences sur les sacrements. »

Nous signalerons en particulier ses discours sur le sacerdoce qui en sont une ferme et brillante apologie, et ceux sur le mariage qui occupent toute la moitié du second volume.

Enfin arrive le couronnement de l'œuvre : la gloire de l'Homme-Dieu ou les *Mystères de la vie future* qui font l'objet de seize nouvelles conférences. M. l'abbé Besson oppose d'abord à la négation matérialiste l'affirmation de l'immortalité de l'âme ; puis il sonde une à une ces vérités terribles dont l'Ecriture dit qu'il suffit de se les rappeler pour ne pécher jamais, la mort, la résurrection, le jugement, le purgatoire, l'enfer et le ciel.

Ces dernières conférences, est-il besoin de le dire? ont été accueillies comme les précédentes avec sympathie et faveur ; elles sont les dernières pierres de ce grand et magnifique édifice que l'orateur et l'apologiste chrétien a élevé à la gloire de Jésus-Christ et de son Eglise. Un mot résume ce beau travail qui a coûté à M. l'abbé Besson douze longues années d'étude et de labeur, c'est celui qui termine l'article critique consacré par le P. Cochard aux conférences de Besançon et qui à lui seul vaut tout un long éloge : « C'est une œuvre oratoire qui restera. »

Outre ces sept volumes de conférences,

M. l'abbé Besson a publié d'autres livres où il a réuni tous les discours de circonstances qu'il a prêchés dans les diverses chaires de la Franche-Comté et des provinces voisines.

Mentionnons d'abord ses deux volumes de panégyriques et d'oraisons funèbres. « Ces deux volumes, dit le P. de Laage, ne peuvent qu'assurer davantage à M. l'abbé Besson la place qu'il a si justement conquise. »

Dans cette suite de tableaux nous voyons apparaître, d'abord, les grandes figures de saint Pierre et de saint Paul, de saint Jean et de saint Etienne. Après plusieurs apôtres de la Franche-Comté, nous rencontrons saint Dominique et saint François d'Assise, saint Vincent de Paul et le bienheureux Pierre Fourrier, curé de Mattaincourt, le bienheureux Jean Berchmans et le bienheureux martyr du Japon, Charles Spinola. Plus loin, c'est du bienheureux Benoît Labre que l'orateur retrace les héroïques vertus.

Le groupe des saintes femmes renferme avec sainte Madeleine et sainte Cécile, sainte Colette, sainte Françoise de Chantal, la bienheureuse Germaine Cousin et la bienheureuse Marguerite-Marie Alacoque.

Parmi les éloges funèbres nous mentionnerons comme tout particulièrement touchant celui de ce jeune Emmanuel Dufournel, zouave pontifical tombé sous les balles ennemies dont le frère Adéodat devait donner aussi sa vie pour la défense du Saint-Siége. Les dernières pages du livre contiennent l'éloge de cet excellent cardinal Gousset dont le nom rappelle l'union de la science et de la vertu.

Le volume intitulé : *L'Année d'expiation et de grâce* dont la *Gazette de Nimes* a publié, il y a trois ans, un compte-rendu très élogieux dû à la plume de M. l'abbé Azaïs, contient tous les discours de M. l'abbé Besson prêchés dans le courant de cette année néfaste, 1870-1871 où la France fut accablée de toutes sortes d'épreuves.

D'habiles critiques ont signalé en particulier dans ce volume le discours sur le *Péché de la France* et celui sur la *Restauration de la France par la famille*. Il faudrait que ces deux discours fussent entre les mains de tous les Français pour être médités et surtout pour être mis en pratique.

Le volume consacré au *Sacré-Cœur* de l'Homme-Dieu suivit de près celui dont nous venons de parler. Il s'ouvre par le panégyrique de la bienheureuse Marguerite-Marie. Son objet principal est d'exposer, de soutenir et de défendre la doctrine de l'église relative à la dévotion au Sacré-Cœur de Jésus. M. l'abbé Besson nous montre cette dévotion comme un acte de foi , comme un cri d'espérance, comme un élan d'amour et comme une œuvre d'expiation. Nous avons lu avec un intérêt spécial les discours où M. l'abbé Besson considère la dévotion au Sacré-Cœur comme une dévotion française et où il nous développe, avec tant de chaleur, les espérances de la France à l'école du Sacré-Cœur.

Les manifestations de Paray-le-Monial ont été le prélude de notre glorieuse résurrection ; nous la verrons s'accomplir et s'achever au temple national de Montmartre.

L'*Année des pèlerinages* est le dernier volume des œuvres oratoires de M. l'abbé Besson : il contient les allocutions nombreuses prononcées par l'illustre orateur à Paray-le-Monial et dans les divers sanctuaires de la Franche-Comté.

Dans ce volume, comme dans le précédent, M. l'abbé Besson se montre tel qu'il nous a apparu dans la chaire de l'Eglise métropolitaine de Besançon, un théologien profond et un éminent orateur.

Tout ce travail ne suffisait cependant pas

à l'activité de son esprit : il trouvait encore le temps de nous raconter, en 1868, d'intéressants détails sur le passage de *Mgr l'Evêque de Nimes en Franche-Comté* qui ont été reproduits par la *Semaine religieuse* du diocèse ; de publier la correspondance de M. de Montalembert avec des Comtois, encadrée dans de brefs récits qui relient les lettres l'une à l'autre et donnent la nette et lumineuse silhouette de l'illustre auteur des *Moines d'Occident* ; enfin de traiter à fond la difficile et épineuse question de la liberté de l'enseignement supérieur. Nous aurions à reproduire sur ce sujet une belle lettre du supérieur de Saint-François-Xavier adressée en septembre 1871 au directeur de la *Revue de l'Enseignement chrétien*. L'espace nous manque. Mais nous devons dire tout au moins que dans cette lettre M. l'abbé Besson a résumé tous les arguments qui ont été, pendant ces derniers temps, produits en faveur de cette liberté et qu'il considérait avec tous les bons esprits la liberté « d'un enseignement supérieur réel, sérieux et durable comme le seul moyen de travailler efficacement à la régénération religieuse et morale du pays. »

Nous avons été long dans cette étude bibliographique de M. l'abbé Besson et cependant nous avons été obligés de ne faire qu'effleurer notre sujet tant il était vaste, et nous n'avons même rien dit de cette magnifique oraison funèbre du cardinal Mathieu dans laquelle le talent oratoire de M. l'abbé Besson inspiré par son grand cœur a fait entendre des accents d'une rare éloquence.

Puissent les lignes que nous venons d'écrire servir à faire connaître, surtout à faire apprécier et aimer le prêtre zélé, l'écrivain remarquable et l'orateur éminent que Dieu nous donne aujourd'hui pour notre évêque!

Succéder à Mgr Plantier, est une rude tâche. Après ce que nous venons de dire, reconnaissons avec bonheur que cette tâche n'est pas au-dessus du zèle et du talent de Mgr Besson. Si toutefois sa modestie s'en effrayait, pourquoi ne se rappellerait-il pas, pour s'encourager, cette preuve considérable d'estime et d'affection que lui donnait, il y a trois ans, Mgr Plantier en le désignant pour évêque de Belley, son pays d'origine auquel il était si ardemment attaché? Pourquoi surtout ne se souviendrait-il pas que la mémoire de nos deux évêques de la Franche-Comté est encore vivante au milieu de nous et qu'il nous apparaîtra comme le fils et l'ami de ces deux Pontifes ?

Pour nous, il ne nous reste plus qu'un désir à exprimer, celui de voir Mgr Besson recevoir le plus tôt possible de Pie IX la consécration de sa présentation officielle et arriver bientôt après au milieu de son troupeau. Quand nous aurons le bonheur de le posséder, nous demanderons au Ciel de nous le conserver de longues années pour le bonheur de ce grand diocèse, pour l'édification des fidèles et pour la gloire de l'Eglise.

*Quem Deus nobis diutissime sospitem servet et sua magna virtute communiat !*

F. C...

Nimes. — Imp. P. Lafare, place de la Couronne.

BIBLIOTHEQUE NATIONALE DE FRANCE

3 7502 010011178 3

www.ingramcontent.com/pod-product-compliance
Lightning Source LLC
Chambersburg PA
CBHW061334050726
47595CB00005B/1918